Petites bouchées

Petites bouchées

Louise Rivard

photographies d'André Noël

MODUS VIVENDI

L'éditeur tient à remercier les magasins et boutiques suivants pour le prêt de vaisselle et d'accessoires photographiés dans ce livre :

- La Baie, centre-ville;
- Déco Découverte;
- Linen Chest;
- Toyama;
- Danesco;
- Stokes, rue St-Denis, Montréal;
- 3 femmes et 1 cousin, rue Gilford, Montréal;
- Cuisine Santé International.

© Les Publications Modus Vivendi inc., 2010

LES PUBLICATIONS MODUS VIVENDI INC.
55, rue Jean-Talon Ouest, 2ᵉ étage
Montréal (Québec) H2R 2W8 CANADA

www.groupemodus.com

Directeur éditorial : Marc Alain
Designers graphiques : Catherine et Émilie Houle

Photographe : André Noël
Styliste culinaire : Louise Rivard
Relectrice : Andrée Laprise

Dépôt légal - Bibliothèque et Archives nationales du Québec, 2010
Dépôt légal - Bibliothèque et Archives Canada, 2010

ISBN 978-2-89523-633-7

Nous reconnaissons l'aide financière du gouvernement du Canada par l'entremise du Programme d'aide au développement de l'industrie de l'édition (PADIÉ) pour nos activités d'édition.

Gouvernement du Québec — Programme de crédit d'impôt pour l'édition de livres — Gestion SODEC

Imprimé au Canada en novembre 2010

Recettes tirées des livres *200 recettes Oméga-3* et *200 recettes anti-cancer.*

Avant-propos

Les petites bouchées gagnent en popularité. Elles sont passées du statut d'amuse-gueules à celui d'amuse-bouches, puis ont été revampées en apéritifs dînatoires. Elles sont les premières notes gastronomiques que les cuisiniers aiment décliner de toutes les façons sous forme de « mises en bouche ».

Quelle que soit leur appellation, elles suscitent toujours la curiosité par leur originalité et leur présentation soignée, créant instantanément une ambiance festive en toutes occasions. Servies en plus grandes quantités, elles se transforment en cocktail dînatoire. Et comme l'appétit vient en mangeant, deux à trois variétés sont souvent amplement suffisantes si vous comptez les servir en repas.

Dans ce livre, vous trouverez de nombreuses recettes inspirées de la cuisine internationale, toujours aussi savoureuse et colorée tels que les tapas et antipasti venant des pays méditerranéens et si simples à cuisiner.

Souvent parés d'herbes et de légumes frais, vous aurez l'embarras du choix quant aux combinaisons de produits locaux qui, mélangés avec des ingrédients plus exotiques, créent un éventail de saveurs et de formes.

Cuillères chinoises, pics et brochettes variées ou mini-assiettes vous permettront de les présenter de toutes les manières possibles. Et les incontournables petites serviettes de table viendront compléter avec élégance le service.

Que ce soit à l'apéro, pour une simple réunion entre amis ou comme prélude à un menu festif, les petites bouchées ajoutent style et distinction.

Bonne dégustation !

Les recettes

Minis-pizzas espagnoles Coca majorquine

Préparer la pâte à l'avance. Tamiser la farine avec le sel dans un bol, puis créer un puits au centre. Verser la levure en pluie dans une tasse contenant 5 c. à soupe d'eau filtrée chaude et le sucre. Mélanger pour dissoudre complètement. Verser le mélange de levure et le lait tiède dans le puits. Pétrir 5 à 8 minutes. Ajouter l'huile et continuer à pétrir jusqu'à ce que toute l'huile soit absorbée. Mettre dans un bol et recouvrir d'un linge ou de pellicule plastique et laisser gonfler pendant 1 à 2 heures. Pour ce faire, placer le bol dans un endroit chaud.

Quand elle a doublé de volume, pétrir la pâte sur une surface enfarinée à environ 1/8 pouce d'épaisseur. Tailler des cercles de pâte à l'emporte-pièce. Déposer une feuille de papier parchemin sur une plaque à cuisson. Déposer la garniture quand le four est à point. Donne 12 cercles de 3 pouces de diamètre ou 1 pizza de 12 pouces.

Pour les minis-pizzas

Préchauffer le four à 450 °F (220 °C). Faire revenir l'oignon et les dés de poivron dans l'huile d'olive pour les attendrir. Ajouter l'ail avec les tomates cerises entières. Verser le vin rouge. Cuire à feu doux 2 minutes en remuant. Ajouter de l'huile au besoin. Laisser tiédir hors du feu. Ajouter le saumon fumé coupé en dés et les épinards. Déposer le mélange sur chaque cercle de pâte. Parsemer de fromage et de persil. Garnir de noix et de graines. Cuire sur la grille du bas environ 10 minutes ou jusqu'à ce que les bords soient dorés. Saupoudrer de graines de lin et vaporiser d'huile en fin de cuisson ou au moment de servir. Servir chaud ou tiède.

Garniture

1 c. à thé (5 ml) d'huile d'olive

1 oignon rouge en fines rondelles

1 poivron rouge coupé en dés

2 gousses d'ail hachées

1 1/2 tasse (375 g) de tomates cerises

1 c. à soupe (15 ml) de vin rouge

1 oz (35 g) de saumon fumé en dés

1 tasse (200 g) d'épinards hachés

3 c. à soupe (50 ml) de fromage Manchego râpé ou parmesan

2 c. à soupe (30 ml) de persil frais haché

3 c. à soupe (45 ml) de pignons, de noix de Grenoble ou de graines de chanvre écalées

2 c. à soupe (30 ml) de graines de lin broyées

Huile supplémentaire (olive, chanvre)

Pâte à pizza maison

1 tasse (200 g) de farine de blé entier

1 tasse (200 g) de farine non blanchie

1/2 c. à thé (2 ml) de sel

1 enveloppe (8 g) de levure de boulangerie

5 c. à soupe (75 ml) d'eau filtrée chaude

1/2 c. à thé (2 ml) de sucre

1/2 tasse (125 ml) de lait tiède

2 c. à soupe (30 ml) d'huile de canola ou de soja

11

Salade de thon mexicaine sur endives

Égoutter le thon. Couper les légumes en dés. Déposer dans un petit bol. Arroser d'huile de chanvre et ajouter la coriandre ciselée. Verser le yogourt, la moutarde et le jus de lime. Mélanger. Assaisonner. Effeuiller les endives. Déposer une petite cuillère de thon crémeux par feuille. Ajouter les légumes. Garnir d'herbes fraîches, au goût.

1 boîte de thon blanc 4 oz - 90 g
1/2 avocat Hass
1 tomate moyenne
3 poivrons colorés (1/4 de chacun)
1 c. à soupe (15 ml) d'oignon
1 c. à thé (5 ml) de piment jalapeños haché
1 c. à thé (5 ml) d'huile de chanvre
2 c. à soupe (30 ml) de coriandre ciselée
2/3 tasse (160 ml) de yogourt
1 c. à thé (5 ml) de moutarde de Dijon
1 c. à thé (5 ml) de jus de lime
2 endives
Sel et poivre

4 fonds d'artichauts
Garniture
1 oignon
2 gousses d'ail
1 tasse (250 ml) de tomates en purée
1/2 tasse (125 ml) de tomates mûres en dés
2 tomates séchées en dés (facultatif)
2 c. à soupe (30 ml) de persil ciselé
1 c. à thé (5 ml) d'origan frais haché
1 c. à thé (5 ml) de basilic frais haché
2 c. à soupe (30 ml) d'huile d'olive extravierge pressée à froid
Parmesan râpé (ou romano)
Jus de citron
Sel et poivre fraîchement moulu
Pincée de curcuma

Fonds d'artichauts aux tomates

Chauffer d'abord l'huile pour y faire sauter l'oignon finement haché, l'ail et les tomates en dés et les tomates séchées. Y ajouter tous les autres ingrédients. Assaisonner au goût. Réduire le feu et cuire 30 à 60 minutes. Cuire les artichauts dans l'eau citronnée; les égoutter. Couper le feuillage et enlever le foin non comestible. Réduire les tiges à 1,5 po (4 cm). Au moment de servir, déposer la sauce chaude ou tiède dans chaque artichaut et parsemer de fromage râpé.

4 portions

Rouleaux de printemps au pesto

Faire tremper les anchois 15 minutes pour les dessaler. Trancher le céleri, la carotte et le concombre en lanières. Couper les tomates en deux et enlever les graines (pas la chair). Les couper en dés ainsi que les tomates séchées et les anchois. Déposer dans un saladier. Verser un filet d'huile de canola et parfumer à la fleur d'ail, puis ajouter le fromage. Tremper les galettes de riz dans l'eau tiède. Les éponger délicatement. Farcir, une galette à la fois, du mélange de tomates et ajouter le saumon fumé et les autres ingrédients, au goût. Rouler en fermant ou non les extrémités. Griller dans l'huile chaude ou servir crus. Déposer sur un lit de verdure et servir avec la sauce au pesto.

Pour le Pesto, mélanger tous les ingrédients à l'aide d'un robot culinaire ou d'un mélangeur en versant l'huile en petite quantité à la fois. Conserver au réfrigérateur dans un contenant hermétique.

Suggestions : Conservez les galettes de riz enveloppées dans des linges humides lorsque vous les cuisinerez pour ne pas qu'elles se dessèchent.

---

2 filets d'anchois hachés (facultatif)

2 branches de céleri

1 carotte moyenne

1 petit concombre

4 tomates moyennes

8 tomates séchées, dans l'huile

Fromage Manchego ou parmesan

1 c. à thé (5 ml) d'huile de canola

Fleur d'ail (facultatif)

8 tranches (3 oz - 75 g) de saumon fumé

8 galettes de riz

Pesto

1 bouquet de basilic

1 bouquet de persil plat

2 gousses d'ail

3 c. à soupe (45 ml) de noix de Grenoble ou de graines de chanvre

3 c. à soupe (45 ml) de parmesan

5 c. à soupe (75 ml) d'huile d'olive

5 c. à soupe (75 ml) d'huile de noix

14

Palourdes farcies au saumon fumé

Laver les palourdes. Cuire à découvert dans de l'eau avec le vin blanc. Dégager les palourdes de leur coquille. Conserver les coquilles; elles seront utilisées pour y déposer la farce. Jeter celles qui ne se sont pas ouvertes. Conserver le jus. Hacher les palourdes. Faire revenir l'oignon dans l'huile d'olive avec la feuille de laurier. Hors du feu, ajouter le persil frais et saupoudrer la farine en pluie. Mouiller avec le jus de cuisson. Ajouter les palourdes, le saumon fumé et les jaunes d'œufs. Assaisonner. Chauffer le four à l'option gril. Déposer le mélange à la cuillère dans les coquilles. Garnir de chapelure et passer sous le gril jusqu'à ce qu'elles soient bien dorées. Servir avec un coulis de poivrons rouges.

Pour le coulis, griller les poivrons rouges coupés en deux au four, sur une plaque à cuisson. Retirer la pelure dès qu'ils sont tièdes. Couper en lanières. Déposer dans le mélangeur ou dans le robot culinaire. Verser le bouillon de poulet ou de légumes. Mélanger jusqu'à consistance d'une purée ou d'une sauce plus lisse, au goût. Rectifier l'assaisonnement. Servir tiède.

2 douzaines de palourdes

2 tasses (500 ml) d'eau filtrée

1/2 tasse (125 ml) de vin blanc sec (facultatif)

1 petit oignon rouge haché

1 c. à thé (5 ml) d'huile d'olive

1 feuille de laurier

2 c. à soupe (30 ml) de persil frais haché

1 c. à soupe (15 ml) comble de farine

2 c. à soupe (30 ml) de saumon fumé haché

2 jaunes d'œufs

Sel et poivre

1 pincée de Cayenne (facultatif)

Chapelure

Coulis de poivrons grillés

2 poivrons rouges grillés

3/4 tasse (200 ml) de bouillon de poulet ou de légumes

Sel et poivre

Beignets de sardines pimentés

Utiliser des sardines nettoyées et rincées. Hacher l'oignon à l'aide d'un robot culinaire. Ajouter la chair de sardines, l'origan, une pincée de sel, la pâte de piment et la moutarde en poudre. Pulser en versant un filet d'huile d'olive jusqu'à l'obtention d'une pâte uniforme. Chauffer de l'huile de canola dans une poêle ou utiliser une friteuse. Former de petits beignets. Les passer dans les œufs battus et les enrober du mélange de farine et de chapelure. Frire plusieurs beignets à la fois, environ 3 minutes. Déposer sur du papier absorbant avant de préparer l'assiette de service. Recouvrir de papier d'aluminium. Servir chaud avec une sauce tomate à la moutarde ou au raifort.

Pour la sauce, mélanger tous les ingrédients. Conserver le surplus dans un contenant hermétique au réfrigérateur.

6 oz (150 g) de chair de sardines

1 oignon

1 c. à thé (5 ml) d'origan frais

1 pincée de sel

1/2 c. à thé (2 ml) de pâte de piment

1 c. à thé (5 ml) de moutarde en poudre (facultatif)

1 c. à soupe (15 ml) d'huile d'olive extravierge

Huile de canola pour la friture

3 œufs

3/4 tasse (180 g) de farine régulière (ou d'épeautre ou de kamut)

3/4 tasse (180 g) de chapelure (environ)

2 c. à soupe (30 ml) de graines de lin broyées

2 c. à soupe (30 ml) de noix de Grenoble hachées

Sel et poivre

Sauce d'accompagnement aux tomates

1 c. à soupe (15 ml) de graines de lin ou de chanvre moulues

1 c. à soupe (15 ml) d'huile d'olive extravierge

1 c. à soupe (15 ml) d'huile de canola

1 c. à thé (5 ml) d'huile de chanvre ou 1/2 c. à thé (2,5 ml) d'huile de lin

1 tasse (250 ml) de coulis de tomates

1 c. à soupe (15 ml) de raifort préparé ou de moutarde de Dijon

Sel et poivre noir moulu

6 portions

Scampis cocktail

Cuire les langoustes. Enlever la chair contenue dans les queues de langoustes en prenant soin de ne pas briser la carapace. Trancher la chair en dés. Faire bouillir de l'eau dans un faitout et blanchir les carapaces nettoyées quelques minutes. Égoutter. Réserver. Préparer la sauce en mélangeant tous les ingrédients. Chauffer à feu moyen. Faire revenir les dés de langoustes dans l'huile d'olive et de canola avec un peu d'ail et d'échalote sués. Verser assez de sauce pour qu'ils puissent mijoter encore et terminer leur cuisson. Déposer à la cuillère dans les carapaces. Servir chaud en ajoutant un peu du reste de la sauce restante et parsemer de fromage râpé, si désiré.

Suggestions : Vous pouvez aussi faire cette recette en utilisant de grosses crevettes, ce qui apportera une variante des plus savoureuses.

6 queues de langouste 2 oz - 40 g chacune

1/4 tasse (60 ml) d'eau filtrée

1 échalote hachée

1 petite gousse d'ail

1 c. à soupe (15 ml) de persil haché

1 c. à soupe (15 ml) de coriandre hachée

1 c. à soupe (15 ml) d'huile d'olive

1 c. à thé (5 ml) d'huile de canola

2 c. à soupe (30 ml) de fromage Manchego râpé ou de parmesan

Sauce

1/2 tasse (125 g) de tomates en conserve

1 c. à thé (5 ml) de pâte de tomate

Sauce Tabasco (au goût)

1 petit poivron rouge grillé

1 c. à soupe (15 ml) de vinaigre de vin

Salpicon

Trancher les calmars en rondelles. Pocher les fruits de mer dans le vin blanc. Laisser refroidir. Couper les légumes en fines lanières. Fouetter les ingrédients dans un saladier. Assaisonner au goût. Ajouter les fruits de mer cuits. Mélanger délicatement pour bien les enrober. Recouvrir de pellicule plastique et laisser mariner au réfrigérateur 7 à 8 heures. Servir froid avec des quartiers de citron.

Suggestions : Pour gagner du temps, vous pouvez réaliser cette entrée avec des fruits de mer déjà cuits et surgelés. Chauffez le vin et pochez-les 1 minute quand ils sont complètement décongelés.

13 oz (350 g) de fruits de mer (calmars, crevettes, crabe, poulpe et moules)

1/2 tasse (125 ml) de vin blanc sec

1 poivron rouge moyen

1 poivron jaune moyen

1 oignon rouge moyen

Marinade

1/4 tasse (60 ml) d'huile d'olive

1/4 tasse (60 ml) d'huile de canola

1 c. à thé (5 ml) de jus de citron

1 c. à thé (5 ml) de jus de lime

2 c. à soupe (30 ml) de vinaigre balsamique blanc

1/4 c. à thé (1 ml) de miel (facultatif)

Sel et poivre noir fraîchement moulu

4 oz (120 g) de fromage à la crème

2 c. à soupe (30 ml) de crème

2 c. à soupe (30 ml) de ciboulette hachée

2 tranches de saumon fumé

4 tranches de pain ou plusieurs craquelins

Œufs de poisson volant (tobiko)

Brins d'herbes (estragon, ciboulette, aneth)

Graines de poivre rose et noir

4 portions

Tartinade au saumon fumé

Mélanger le fromage, la crème et la ciboulette. Couper le saumon fumé en fines lanières. Déposer le mélange de fromage dans une pochette à douille. Façonner des rosettes au centre de chaque tranche de pain ou de chaque craquelin. Garnir d'une lanière de saumon fumé, d'œufs de poisson et d'un brin d'herbe. Recouvrir de pellicule plastique et conserver au réfrigérateur quelques heures.

Suggestions : Des chips de plantain ont ici été utilisées pour créer de délicates petites bouchées.

Banderillas d'œufs de caille à la truite fumée

Cuire les œufs dans l'eau bouillante. Écaler. Tailler des lanières de truite fumée pour entourer chaque œuf. Tailler des morceaux de poivron, les faire sauter dans l'huile de canola quelques minutes avant de les piquer aux extrémités des baguettes de bois, l'œuf au centre. Garnir de laitue ou déposer sur une assiette garnie. Servir froid, nappé d'huile d'olive, si désiré.

Suggestions : Utilisez du canard fumé ou de la poitrine de dinde pour apporter une touche différente à cette entrée.

2 douzaines d'œufs de caille

6 oz (150 g) de truite fumée

1/2 poivron vert et 1/2 poivron rouge sautés

1 c. à thé (5 ml) d'huile de canola

Feuilles de mâche ou roquette

Huile d'olive

12 brochettes de bois

---

5 gros champignons de Paris évidés

1 petite tomate en dés

2 gousses d'ail hachées

1 oignon vert ciselé

2 c. à soupe (30 ml) de pâte de tomate

2 petites tomates séchées

3 c. à soupe (45 ml) d'huile d'olive

Pincée de thym frais

Parmesan râpé ou romano râpé

Sel et poivre au curcuma

5 portions

Champignons farcis aux tomates

Émincer les tomates séchées et les ramollir dans un peu d'eau chaude ou de l'huile d'olive. Faire suer les légumes avec la pâte de tomate dans une poêle. Ajouter un peu d'eau au besoin. Garnir les têtes de champignon et parsemer de fromage sur le dessus. Cuire environ 10 minutes. Servir chaud ou tiède.

25

Rouleaux d'épinards à l'andalouse

Cuire les œufs à la coque. Écaler une fois refroidis. Enlever les tiges des épinards. Blanchir 2 minutes. Passer sous l'eau froide. Déposer sur un linge propre légèrement humide. Vaporiser les dés de pain d'huile de canola ou de soja. Griller avec l'ail dans une poêle antiadhésive en vaporisant un peu d'huile au besoin. Réserver. Émietter les œufs dans un saladier. Assaisonner d'une pincée de Cayenne et de cumin. Goûter pour rectifier l'assaisonnement. Hacher les noix et les graines et les ajouter aux œufs. Incorporer le pain et les pois chiches. Mélanger. Tailler les feuilles de pâte brick en 2 pour obtenir 2 triangles. Disposer sur une plaque à cuisson légèrement huilée. Déposer une cuillère de mélange en bordure et couvrir avec de l'épinard. Rouler. Fermer les extrémités des rouleaux avec une ficelle. Badigeonner de jaune d'œuf. Cuire de 8 à 10 minutes dans un four préchauffé à 375 °F (190 °C) ou jusqu'à ce qu'ils soient dorés. Couper et jeter les ficelles. Servir tiède.

Suggestions : Vous pouvez utiliser des petits ramequins ou verrines pour faire de petites coupes garnies de ce mélange. Ils peuvent être servis avec une sauce aux tomates (voir la recette de beignets de sardines pimentés à la page 18).

4 œufs
1 tasse (200 g) d'épinards
2 tranches de pain complet en dés
Huile de canola ou de soja
2 gousses d'ail hachées
1 pincée de Cayenne
1 pincée de cumin
2 c. à soupe (30 ml) de graines et de noix mélangées (citrouille, chanvre, Grenoble)
1/2 tasse (125 g) de pois chiches
10 grandes feuilles de pâte brick (8,5 po - 21,5 cm)
1 jaune d'œuf

4 à 6 portions

Champignons marinés

Blanchir les oignons dans l'eau bouillante salée de 2 à 3 minutes. Les refroidir sous l'eau froide. Réserver. Trancher les champignons. Dans une poêle antiadhésive, chauffer un peu d'huile de canola et faire sauter les champignons sans les dessécher. Ajouter les herbes et les épices. Remuer. Verser un peu plus d'huile en fin de cuisson pour bien les enrober. Déposer les oignons et les champignons dans un contenant de verre ou un bol. Faire assez de vinaigrette avec le vinaigre, les huiles et le jus de citron pour recouvrir les légumes. Ajouter des éclats d'ail si désiré. Mariner toute la nuit sans enlever les épices et les herbes. Servir froid ou chambré dans des bols avec des petits pics de réception.

18 à 20 oignons blancs perlés

8 oz (250 g) de champignons de Paris

Herbes au choix (romarin, thym, origan, cerfeuil)

Épices suggérées : piment chili, poivres rose et vert

1 feuille de laurier

Vinaigrette

1/4 tasse (60 ml) d'huile de noix

1/2 à 3/4 tasse (125 à 200 ml) d'huile d'olive extravierge

1 c. à soupe (15 ml) de vinaigre balsamique ou de vin

1 c. à soupe (15 ml) de jus de citron

2 à 3 gousses d'ail dégermées

Poivrons farcis 4 couleurs

Couper l'ail en fines lanières et les rôtir à sec. Chauffer le four à 400 °F (200 °C). Farcir chaque demi-poivron avec des tomates et de l'ail et les arroser d'un filet d'huile d'olive et de vinaigre balsamique. Les disposer sur une plaque antiadhésive ou du papier parchemin et cuire 18 à 20 minutes, au goût. Décorer avec du basilic frais ciselé et un filet de vinaigre balsamique réduit.

4 demi-poivrons évidés

12 tomates cerises

4 petits oignons

2 gousses d'ail

Huile d'olive

Vinaigre balsamique

Basilic frais

Sel et poivre au curcuma

Courgettes farcies au fromage de chèvre et tomates séchées

1 courgette

2 à 3 c. à thé (10-15 ml) de fromage de chèvre crémeux

2 tomates séchées hachées

Pincée de persil ciselé

Sel et poivre

Pincée de curcuma

Courgettes farcies aux champignons

1 courgette

10 à 12 champignons de Paris

1 à 2 gousses d'ail

2 c. à thé (10 ml) d'huile d'olive

2 c. à soupe (30 ml) de vin rouge

2 c. à soupe (30 ml) de graines de lin

Pincée de thym frais

Sel et poivre

Pincée de curcuma

Courgettes farcies

Courgettes farcies au fromage de chèvre et tomates séchées
2 portions

Mélanger tous les ingrédients et farcir les courgettes coupées en deux sur le sens de la longueur et évidées. Cuire à 350 °F (175 °C) 15 à 20 minutes. Les courgettes doivent demeurer fermes et croquantes. Cet accompagnement est meilleur chaud.

Courgettes farcies aux champignons
2 portions

Hacher les champignons et l'ail très finement. Faire suer afin d'évacuer l'eau de végétation. Utiliser une poêle antiadhésive. Lorsque la préparation est sèche, ajouter le vin rouge et faire réduire. Assaisonner et compléter en incorporant les graines de lin, le curcuma et le thym. Farcir les demi-courgettes. Enfourner à 350 °F (175 °C). Cuire 15 à 20 minutes. Les courgettes doivent demeurer fermes et croquantes. Servir chaud ou tiède.

Olives noires marinées

Blanchir les oignons dans l'eau bouillante salée de 2 à 3 minutes. Les refroidir sous l'eau froide. Réserver. Égoutter les olives et les déposer dans un contenant de verre ou un saladier et ajouter les oignons. Ajouter le vinaigre de xérès, les huiles et le jus de citron, pour recouvrir les légumes. Ajouter les herbes et les épices. Remuer. Mariner 24 heures sans enlever les épices et les herbes. Servir froid ou chambré dans des bols avec des petits pics de réception.

Suggestions : Ajoutez des noix et graines diverses à croquer. Essayez les olives non préservées dans la saumure pour cette recette.

18 à 20 oignons perlés rouges

2 tasses (500 g) d'olives noires entières et dénoyautées

Marinade

2 c. à soupe (30 ml) de vinaigre de xérès ou de vin rouge

1 brin d'origan

1 feuille de laurier

1/2 tasse (125 ml) d'huile d'olive

1/2 tasse (125 ml) d'huile de canola

1 à 2 c. à thé (5 à 10 ml) de jus de citron

1/8 c. à thé (0,5 ml) de poivre de Cayenne (ou quelques gouttes de Tabasco)

Poivre noir moulu

8 à 10 portions

Albondigas boulettes de viande espagnoles

Dans un saladier, mélanger tous les ingrédients avec la viande hachée. Façonner à la main de petites boules de la taille d'une noix de Grenoble. Réserver. Chauffer l'huile d'olive dans une poêle. Griller les graines de fenouil en remuant sans cesse. Verser le vin et le pastis. L'alcool doit s'évaporer. Ajouter les tomates. Assaisonner. Couvrir. Réduire le feu. Faire mijoter 20 minutes. Rajouter un peu d'eau au besoin. Incorporer les boulettes de viande dans la sauce. Laisser mijoter à feu doux environ 25 à 30 minutes. Remuer en cours de cuisson. Piquer les boulettes chaudes, les disposer sur une assiette de service, dans de petits bols ou servir dans des caissettes de papier. Conserver au chaud recouvert de papier d'aluminium. Servir tiède avec la sauce.

2,2 lb (1 kg) de bœuf haché maigre

2 oignons jaunes hachés

2 à 3 gousses d'ail écrasées

1 œuf oméga-3 légèrement battu

3 c. à soupe (45 ml) de noix de Grenoble moulues

1 c. à soupe (15 ml) de piment doux d'Espagne ou de paprika

11/2 c. à soupe (22,5 ml) de cumin

1/2 c. à thé (2,5 ml) de cannelle

1/4 tasse (60 ml) de persil haché

Sel et poivre noir du moulin

Sauce

3 c. à soupe (45 ml) d'huile d'olive

11/2 c. à soupe (22,5 ml) de graines de fenouil

1 verre (100 ml) de vin blanc sec

1 c. à soupe (15 ml) de pastis (facultatif)

28 oz (875 g) de tomates concassées

Sel et poivre noir du moulin

Moules aux légumes gratinées

Moudre les graines de lin. Mélanger le fromage avec les épices, la chapelure et les graines de lin moulues. Réserver. Cuire les moules dans l'eau et le vin jusqu'à ce qu'elles soient ouvertes (de 3 à 4 minutes). Égoutter et jeter les moules fermées et réserver le bouillon. Retirer les moules des coquilles. Conserver les coquilles. Faire suer les échalotes dans l'huile de canola et l'huile d'olive. Ajouter les poivrons. Cuire quelques minutes pour les attendrir. Assaisonner de sel et de poivre, au goût. Déposer deux moules dans chaque coquille et couvrir de mélange de légumes à l'aide d'une cuillère. Saupoudrer de persil frais et de chapelure assaisonnée. Disposer les moules sur une plaque à cuisson. Griller au four environ 3 à 4 minutes ou jusqu'à ce que la chapelure soit légèrement dorée. Servir chaud ou tiède dans une assiette de service ou dans des bols individuels.

1 c. à soupe (15 ml) de graines de lin moulues

3 c. à soupe (45 ml) de fromage parmesan

1 pincée de Cayenne ou quelques gouttes de Tabasco

2 c. à soupe (30 ml) de persil frais haché

1/4 tasse (30 g) de chapelure de pain

1 lb (450 g) de moules nettoyées

1 tasse (250 ml) d'eau filtrée

2 tasses (500 ml) de vin blanc sec

2 échalotes hachées

1 c. à soupe (15 ml) d'huile de canola

1 c. à soupe (15 ml) d'huile d'olive

5 à 6 c. à soupe (75 à 90 ml) de poivron jaune ou orange en dés

Sel et poivre noir

Feuilletés de sardines aux tomates séchées

Préchauffer le four à 375 °F (190 °C). Éponger les sardines; enlever les arêtes. Couper en petits morceaux et les déposer dans un saladier. Incorporer les tomates séchées, la moutarde, le thym et la sauce tomate. Mélanger. Faire revenir l'ail haché dans l'huile d'olive et de noix à feu moyen. Ajouter les sardines pour les enrober. Ajouter le vin blanc. Remuer quelques secondes de plus pour que l'alcool s'évapore. Transférer dans le bol. Recouvrir le fond de moules à muffins réguliers de feuilles de pâte brick. Déposer une cuillérée à soupe (15 ml) du mélange au milieu de chaque feuille. Ajouter le basilic haché. Saupoudrer de fromage. Attacher le tout délicatement avec une ficelle pour créer une aumônière. Badigeonner de jaune d'œuf. Dorer au four environ 10 minutes. Détacher et jeter les ficelles. Nouer avec une tige de ciboulette. Servir chaud ou tiède.

4 oz (125 g) de sardines ou de thon dans l'huile (1 petite boîte)

4 tomates séchées hachées

1 c. à thé (5 ml) de moutarde de Dijon

1 pincée de thym

2 c. à soupe (30 ml) de sauce tomate

1 petite gousse d'ail émincée

1 c. à soupe (15 ml) d'huile d'olive extravierge

1 c. à soupe (15 ml) d'huile de noix

1 c. à soupe (15 ml) de vin blanc

8 feuilles de pâte brick

1 c. à soupe (15 ml) de basilic haché

3 c. à soupe (50 ml) de parmesan râpé

Sel et poivre noir moulu

1 jaune d'œuf

8 tiges de ciboulette

Crostinis Pour 4 à 6 personnes

Choisir un pain de qualité bien frais. Enlever les croûtes, couper en tranche et badigeonner d'un mélange d'huile de noix ou d'huile de canola ou d'olive. Pour ajouter plus de saveur, mélanger dans un bol la quantité d'huile requise pour badigeonner avec une petite gousse d'ail écrasée, un oignon vert ou des graines de piment fort. Laisser reposer 1 heure puis filtrer. Disposer les tranches sur une plaque à cuisson antiadhésive et enfourner à 375 °F (190 °C) environ 5 minutes, jusqu'à ce qu'elles soient légèrement dorées. Préchauffer le four à 250 °F (120 °C). Faire des tranches minces d'environ 1/4 po (1 cm). En utilisant un pinceau ou un vaporisateur, imprégner les tranches de pain et les disposer sur une plaque à cuisson recouverte de papier parchemin. Dorer pendant 5 minutes environ et laisser refroidir.

Suggestions : Selon l'épaisseur de votre pain, comptez 1 1/2 à 2 tranches par personne et 3 à 4 si vous ne servez pas d'autres entrées. Les tranches de pain grillées peuvent être préparées la veille et conservées au réfrigérateur bien enveloppées sous une pellicule plastique, tandis que les canapés se préparent quelques heures à l'avance pour que le pain grillé ne ramollisse pas trop.

Canapés aux œufs
Pour 4 à 6 personnes

Dans une poêle antiadhésive, chauffer une cuillère à thé d'huile. Dorer les oignons verts à feu moyen en les remuant. Réserver. Cuire les œufs dans l'eau bouillante 4 minutes. Les refroidir. Écaler. Mettre tous les ingrédients dans un robot culinaire. Pulser afin d'obtenir un mélange onctueux. Ajouter de la mayonnaise ou de la crème légère. Assaisonner. Réfrigérer au moins 30 minutes dans un contenant hermétique avant de servir. Remplir une poche à douille ou utiliser une petite spatule pour garnir les tranches de pain grillées. Ajouter des oignons verts frais hachés ou des oignons caramélisés avec du caviar en garniture.

Pour la mayonnaise, chambrer les ingrédients pour aider à les émulsionner. Déposer la moutarde avec les jaunes d'œufs dans un bol profond en inox ou en verre (genre cul-de-poule). Ajouter les assaisonnements et les aromates et fouetter ou pulser à l'aide d'un robot culinaire. Le simple fouet est d'usage facile si on en est à ses premières mayonnaises. Ajouter l'huile au fur et à mesure en mince filet. La texture de la mayonnaise changera rapidement quand elle prendra. Ajouter l'huile de lin, si désiré, à la toute fin, en remuant bien la mayonnaise. Conserver dans un contenant hermétique au réfrigérateur.

* Oignons caramélisés épicés (2 1/2 tasses)

4 oignons jaunes tranchés, 1 1/2 tasse (375 ml) de vinaigre de vin blanc, 1 1/2 c. à thé (7 ml) de cumin, 1 1/2 c. à thé (7 ml) de graines de coriandre moulues, 1 tasse (200 g) de cassonade dorée

Tremper les oignons entiers pelés 30 minutes dans l'eau froide. Les trancher en rondelles assez minces. Transférer dans un chaudron. Ajouter le vinaigre et les épices. Cuire à feu moyen-élevé en mélangeant. Réduire le feu. Mijoter 15 minutes à couvert. Ajouter la cassonade et continuer la cuisson sans couvercle jusqu'à ce que les oignons soient très tendres et que le liquide de cuisson ait épaissi, soit environ 1 heure. Conserver dans des contenants hermétiques stérilisés, comme pour une confiture maison, ou au réfrigérateur jusqu'à 2 mois.

---

2 à 3 oignons verts hachés

1 c. à thé (5 ml) d'huile de soya ou de canola

8 œufs

2 c. à thé (10 ml) de persil haché fin

2/3 tasse (75 ml) de mayonnaise

Crème légère ou mayonnaise de soja préparée

Sel et poivre fraîchement moulu

Garnitures

2 oignons verts tranchés ou oignons caramélisés*

Œufs de poisson volant (tobiko), de lump ou caviar

Pour la mayonnaise

1 c. à thé (5 ml) de moutarde sèche ou de Dijon, au goût

1 à 2 jaunes d'œufs

Aromates : ciboulette, estragon, origan

1 c. à thé (5 ml) de jus de citron ou de vinaigre

Sel et poivre

Huile végétale au choix (canola, soja)

1/2 c. à thé (2 ml) d'huile de lin (facultatif)

Entrée de mangue et saumon sur granité

Préparer le granité à l'avance. Verser les trois jus dans un récipient peu profond. Congeler 30 minutes à 1 heure. Gratter et mélanger à l'aide d'une fourchette pour répartir les cristaux glacés. Remettre à congeler 30 minutes. Répéter l'opération quelques fois. Verser dans les contenants choisis pour le service. Disposer sur une plaque à cuisson et remettre au congélateur jusqu'au moment de servir. Doubler la recette selon les contenants utilisés.

Couper le saumon et la mangue en petits cubes, les mettre dans un bol et ajouter la fleur d'ail, les huiles et le jus de citron. Mélanger. Assaisonner au goût. Déposer sur les granités à l'aide d'une cuillère. Servir immédiatement. Parsemer de noix hachées ou en poudre, au goût.

1 tasse (250 ml) de jus de carotte

1/2 tasse (125 ml) de jus d'orange ou de mangue

1/2 tasse (125 ml) de jus de pomme

3,5 oz (100 g) de saumon frais

1/2 mangue (environ 70 g)

1 c. à thé (5 ml) de fleur d'ail

1 c. à thé (5 ml) d'huile d'olive

1 c. à thé (5 ml) d'huile de canola

1 c. à thé (5 ml) de jus de citron

1 pincée de Cayenne

Poivre noir fraîchement moulu

Garniture

Persil ciselé

Menthe ciselée

1 poignée de noix de Grenoble

Granité aux agrumes

24 portions

Pâté japonais au thon

Presser du gingembre frais râpé pour le jus. Réserver. Cuire les œufs à la coque environ 10 à 12 minutes. Déposer l'avocat, les œufs et les crevettes dans un robot culinaire. Ajouter le jus de lime et le jus de gingembre et la poudre wasabe. Pulser en ajoutant l'huile en filet jusqu'à l'obtention d'une mousse onctueuse. Rectifier l'assaisonnement au goût. Remplir une pochette à douille ou utiliser un couteau à beurre pour garnir les craquelins de pâté.

Pour la garniture, dans une poêle antiadhésive, rôtir les graines de citrouille à sec quelques minutes. Verser un trait de sauce soja légère (1 c. à thé par 1/2 tasse, 5 ml par 65 g de graines), si désiré. Pour l'algue nori, tremper les algues sèches dans l'eau de 3 à 5 minutes avant de les utiliser. Pour le gingembre frit, découper en fines lamelles et les faire frire.

Couper le thon en fines lanières, puis en dés. Ajouter un morceau de thon sur les craquelins et une garniture au choix. Bien égoutter avant de garnir.

1/4 c. à thé (1 ml) de jus de gingembre râpé

2 œufs

1 3/4 oz (50 g) de thon frais

1 avocat Hass mûr

2 c. à soupe (30 ml) de crevettes cuites

1/2 à 1 c. à thé (2 à 5 ml) de jus de lime (au goût)

2 c. à thé (10 ml) de poudre wasabe (raifort japonais)

3 douzaines de craquelins de riz

Huile de canola ou de chanvre

Sel

Garnitures

Algue nori

Gingembre frit

Zeste de lime (facultatif)

Graines de citrouille ou de soja

Crevettes

Cuillères de tartare de saumon et de pétoncles

Tailler le saumon et les pétoncles en petits cubes. Couper l'oignon très finement. Dans un bol en verre ou en inox, mélanger tous les autres ingrédients. Verser quelques gouttes d'essence d'anis. Remuer. Rectifier l'assaisonnement, si nécessaire. Réfrigérer 20 à 30 minutes, si désiré.

Déposer un raisin vert au centre de chaque cuillère. Recouvrir de tartare. Verser un filet d'huile de chanvre au goût, au moment de servir. Garnir d'aneth ciselé si désiré.

Suggestions : Réfrigérez les cuillères avant le service. Les disposer dans un sac plastique pour faciliter votre opération. Un trait de Pernod peut remplacer l'essence d'anis.

3,5 oz (100 g) de saumon sans peau

3,5 oz (100 g) de petits pétoncles

1 petit oignon perlé

1 c. à thé (5 ml) de persil haché fin

1 c. à soupe (15 ml) de graines de chanvre écalées (facultatif)

2 c. à thé (10 ml) d'huile de canola

2 c. à thé (10 ml) d'huile d'olive

1 1/2 c. à thé (7,5 ml) de jus de citron vert (ou plus, au goût)

Sel de mer fin

Poivre noir fraîchement moulu

1 pincée de clou de girofle (facultatif)

Quelques gouttes d'essence d'anis ou 1/4 c. à thé (1 ml) de graines d'anis étoilé moulues

Montage

16 raisins verts sans pépins

1 à 2 c. à thé (5 à 10 ml) d'aneth ciselé

Huile de chanvre

8 à 10 portions

Cuillères de mousse pomme et concombre

Verser du jus de citron sur les dés de pomme pour les empêcher de s'oxyder. Réserver. Fouetter le blanc d'œuf avec une pincée de sel jusqu'à ce qu'il soit ferme. Ajouter le yogourt et l'ail haché et quelques gouttes d'essence de menthe, au goût. Fouetter le mélange 1 à 2 minutes. Incorporer les pommes et le concombre. Remuer délicatement. Rectifier l'assaisonnement. Servir environ 1 1/2 c. à thé (5 à 7 ml) par portion. Garnir avec une pincée de thé vert, la menthe et les noix de Grenoble. Servir immédiatement ou conserver au réfrigérateur.

Suggestions : Remplacez les pommes et le concombre par des épinards cuits hachés finement (ou de la bette à carde) mélangés avec du céleri en dés. Variez cette mousse en remplaçant l'ail haché par du gingembre, la menthe par de la coriandre et le citron par de la lime.

1/4 tasse (60 ml) de pommes sures en dés

1 c. à thé (5 ml) de jus de citron

1 gros blanc d'œuf

1 pincée de sel

1/4 tasse (60 g) de yogourt nature

1/4 c. à thé (1 ml) d'ail haché fin

Quelques gouttes d'essence de menthe poivrée (facultatif)

2 c. à soupe (30 ml) de concombre en dés

Poivre noir du moulin

Garniture

1/2 à 1 c. à thé (2 à 5 ml) de thé vert Matcha en poudre

1 c. à soupe (15 ml) de menthe ciselée

1 à 2 c. à soupe (15 à 30 ml) de noix de Grenoble hachées

Banderillas de rigatonis farcis saumon, noix, sauce pesto rouge et verte

Cuire les rigatonis pour qu'ils soient al dente. Laisser tiédir. Rincer et sécher le filet de saumon. Assaisonner. Faire revenir dans l'huile 2 minutes. Le centre doit demeurer rose. Couper en morceaux plus petits que les rigatonis. Insérer un petit morceau de saumon dans chaque pâte. Farcir les extrémités en les garnissant de pesto rouge d'un côté et de pesto vert de l'autre. Les piquer sur des petits pics de réception en intercalant avec de petites pousses d'épinards, si désiré, ou servir sur un lit d'épinards. Servir tiède ou froid.

Pour le pesto vert

Mélanger tous les ingrédients dans un robot culinaire. Ajuster la quantité d'huile si nécessaire. Ajouter plus de noix si la consistance est trop liquide.

Pour le pesto rouge

Réhydrater les tomates séchées dans l'eau tiède 10 à 15 minutes si elles ne sont pas conservées dans l'huile. Mélanger tous les ingrédients au robot culinaire. Ajuster la quantité d'huile si nécessaire. Ajouter plus de noix si la consistance est trop liquide.

---

1 tasse (200 g) de rigatonis cuits

4 oz (120 g) de filet de saumon

Huile d'olive

Sauce pesto verte

Sauce pesto rouge

1 tasse (200 g) de petites pousses d'épinards

Sel et poivre noir

Pour le pesto vert

12 à 16 feuilles de basilic

4 à 6 feuilles de menthe

1/4 c. à thé (1 ml) d'ail haché

1 c. à thé (5 ml) de jus de lime

2 c. à soupe (30 ml) d'huile de canola

1 à 2 c. à soupe (15 à 30 ml) de graines de chanvre décortiquées

Sel et poivre noir

Pour le pesto rouge

2 tomates séchées (4 demie)

1 c. à thé (5 ml) de jus de citron

1 1/2 c. à soupe (22,5 ml) d'huile d'olive

1 c. à soupe (15 ml) de noix de Grenoble

1 pincée de poivre de Cayenne

Sel et poivre noir

Minis-pâtés au saumon

Huiler de petits plats de service ou des cuillères chinoises en porcelaine. Cuire les pommes de terre dans l'eau bouillante salée. Hacher le poireau et le faire revenir dans l'huile d'olive. Saler et poivrer le saumon. Cuire avec les poireaux de 2 à 3 minutes de chaque côté. Il ne doit pas trop cuire. Arroser d'un trait de vin blanc, si désiré. Verser un peu d'huile supplémentaire au besoin. Défaire le saumon à la fourchette. Réserver. Réduire les pommes de terre en purée en ajoutant le jaune d'œuf battu et le saumon. Verser du lait écrémé tiède. Assaisonner. Faire des rosettes ou un petit nid de purée. Arroser d'un filet d'huile de chanvre si désiré et garnir d'un brin d'herbe et de poivre rose moulu. Servir tiède.

2 pommes de terre moyennes

1 petit blanc de poireau

1 c. à soupe (15 ml) d'huile d'olive

4 oz (120 g) de saumon

1 c. à soupe (15 ml) de vin blanc sec (facultatif)

1 jaune d'œuf

1/2 à 3/4 tasse (125 à 175 ml) de lait écrémé tiède

Sel et poivre

Garniture

1 brin d'aneth ou poivre rose

Paprika

1/2 c. à thé (2,5 ml) d'huile de chanvre

12 portions

Cuillères de poisson fumé sur gelée

Chauffer 1/4 tasse (60 ml) de limonade. Saupoudrer la gélatine dans un petit bol. Verser le jus. Brasser pour bien dissoudre. Ajouter le reste de limonade froide. Verser quelques gouttes de colorant alimentaire. Verser dans chaque cuillère ou dans un bol. Faire prendre la gelée pour qu'elle ne soit pas entièrement ferme. Trancher le poisson fumé en petites bandelettes plus ou moins longues que la cuillère ou faire des motifs en forme de poisson. Déposer une noisette de fromage à la crème au centre de la gelée. Garnir d'un morceau de poisson fumé. Terminer en faisant des fantaisies ou simplement garnir au goût.

1 tasse (250 ml) de limonade froide

1 1/2 c. à thé (7,5 ml) de gélatine neutre

Colorant bleu

1 3/4 oz (50 g) de saumon ou de truite fumé, tranché

Garniture

Fromage à la crème (facultatif)

Algues nori (facultatif)

Œufs de poisson

Aneth ciselée

---

1 concombre anglais

3 1/2 oz (100 g) de fromage à la crème

12 mûres

Ciboulette fraîche ciselée

Sel et poivre fraîchement moulu

Pincée de curcuma (facultatif)

6 portions

Concombres farcis au fromage et aux mûres

Trancher le concombre en morceaux d'environ 2 po (5 cm). À l'aide d'une cuillère parisienne (cuillère à melon), vider l'intérieur tout en conservant une base de 2 cm (1/2 po). Ciseler la ciboulette et la mélanger avec le fromage à la crème. Assaisonner. Déposer la moitié d'une mûre au fond et farcir de fromage (environ 1 c. à soupe). Garnir d'une mûre et de brins de ciboulette fraîche.

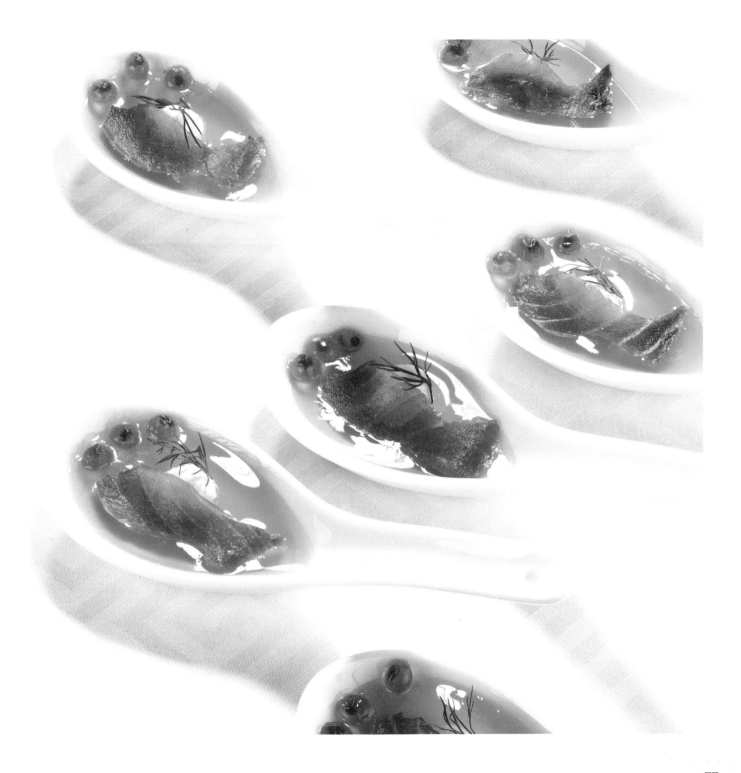

12 portions

Cuillères de tartare au maquereau

Fouetter la crème dans un bol froid. Assaisonner. Ajouter la moutarde. Réserver au réfrigérateur. Couper le poisson, les tomates et le concombre en petits dés. Hacher l'estragon. Mélanger délicatement avec l'huile d'olive. Verser quelques gouttes de vinaigre balsamique dans chaque cuillère. Remplir les cuillères, mais pas à ras bord du mélange de poisson. Réfrigérer. Déposer une touche de crème par-dessus au moment de servir.

Suggestions : Variez les saveurs de la crème en y ajoutant d'autres moutardes aromatisées : à l'estragon ou au raifort.

2 c. à soupe (30 ml) de crème à fouetter ou de yogourt nature (facultatif)

1/2 c. à thé (2,5 ml) de moutarde de Dijon au vin blanc

4 oz (120 g) de filet de maquereau

8 à 10 tomates cerises

1/2 concombre

1 c. à soupe (15 ml) d'estragon frais (au goût)

1 1/2 c. à soupe (22,5 ml) d'huile d'olive extravierge

Vinaigre balsamique

Sel et poivre noir fraîchement moulu

Tuiles au fromage et compote aux figues et aux noix de Grenoble

Pour 4 à 6 personnes
Tuiles au fromage

Préchauffer le four à 375 °F (190 °C). Recouvrir une plaque à cuisson de papier parchemin. Saupoudrer de fromage râpé l'intérieur d'un emporte-pièce rond en espaçant de 2 pouces chaque cercle. Cuire au four ou dans une poêle antiadhésive jusqu'à ce que les tuiles soient bien dorées, soit environ 3 à 4 minutes. Laisser refroidir 1 minute et mouler sur une bouteille ou un rouleau à pâtisserie. Conserver dans un contenant hermétique, empilées entre des feuilles de papier sulfurisé (ciré).

Pour 4 à 6 personnes
Compote aux figues et aux noix de Grenoble

Dans une petite casserole, faire revenir l'échalote dans un peu d'huile. Verser le vin et porter à ébullition. Ajouter les figues et la feuille de laurier. Réduire le feu au minimum. Cuire quelques minutes. Ajouter de l'eau au besoin. Incorporer les noix hachées et bien mélanger. Macérer 30 minutes à 1 heure hors du feu. Passer au mélangeur si désiré.

Suggestions : Pour la cuisson des tuiles, déposez plus de fromage au centre, 1/2 à 3/4 po (1 à 2 cm) d'épaisseur en laissant les bords plus ou moins irréguliers pour créer une bordure ajourée.

Tuiles au fromage

7 oz (200 g) de parmesan râpé

Compote aux figues et aux noix de Grenoble

1 échalote hachée

1/2 c. à thé (2,5 ml) d'huile d'olive

1/3 tasse (75 ml) de vin rouge

3/4 tasse (175 g) de figues sèches hachées

1 feuille de laurier

Eau

1/4 tasse (60 g) de noix de Grenoble hachées

Garniture

Légumes crus (céleri, carottes, poireau)

Huile de noix

4 à 6 portions

Olives vertes marinées

Couper les noix de Grenoble en deux. Dégermer les gousses d'ail et les couper en deux ou en quatre. Faire assez de vinaigrette avec le vinaigre, l'huile et le jus de citron pour recouvrir les olives. Assaisonner. Laisser mariner les olives toute la nuit sans enlever les herbes. Servir dans des bols avec des petits pics de réception.

1/2 tasse (125 g) de noix de Grenoble
2 tasses (450 g) d'olives vertes
2 gousses d'ail
3/4 tasse (175 g) d'huile de canola
1/4 tasse (60 ml) d'huile d'olive extravierge
Quelques brins d'herbes au choix (romarin, thym, cerfeuil)
2 c. à soupe (30 ml) de vinaigre balsamique blanc
1 c. à thé (5 ml) de jus de lime ou de citron
Sel et poivre noir fraîchement moulu

2 portions

Entrée de carpaccio d'espadon à l'agrume

Tailler le poisson en tranches très fines. Saler le jus de pamplemousse ou d'orange. Disposer le poisson dans un plat à rebord. Verser le jus et l'huile. Ajouter le persil ciselé. Mariner au réfrigérateur durant 10 à 12 heures. Disposer les tranches froides sur une assiette de service. Décorer avec des quartiers d'orange et des herbes fraîches.

4 oz (120 g) d'espadon frais

Le jus d'un gros pamplemousse rose ou de 2 grosses oranges

1/4 à 1/2 c. à thé (1 à 2,5 ml) de fleur de sel (au goût)

1/2 tasse (125 ml) d'huile d'olive

1 c. à thé (5 ml) de persil ciselé

Garniture

3 à 4 olives noires ou vertes

1 orange

Herbes fraîches (menthe, ciboulette, basilic ou estragon)

63

Tomates cocktail

Faire tremper le filet d'anchois 15 minutes. Rincer. Verser les ingrédients de la farce dans un robot culinaire. Mélanger pour bien amalgamer. Laisser reposer au réfrigérateur au moins 1 heure. Vider soigneusement les tomates à l'aide d'une cuillère parisienne. Les farcir. Couper les olives en rondelles. Couper la base des tomates au besoin pour qu'elles demeurent en équilibre. Garnir d'olives, de poivron et de basilic. Éviter de réfrigérer les tomates trop longtemps, elles perdraient de leur saveur.

1 petit filet d'anchois

12 à 18 tomates cerises
(env. 1 po - 2,54 cm)

Farce au poisson

3,5 oz (100 g) de maquereau
en boîte ou de sardines

1 gousse d'ail pilée

1 c. à thé (5 ml) de câpres hachées

1 c. à soupe (15 ml) de persil plat haché

1 c. à soupe (15 ml) de tomates
séchées réhydratées

3 c. à soupe (45 ml) de fromage
cottage

1 c. à soupe (15 ml) de lait

1 c. à thé (5 ml) d'huile de chanvre

1 c. à thé (5 ml) de jus de citron

1 pincée de thym

Sel et poivre noir moulu

Garniture

3 à 4 olives noires ou vertes

1 lanière de poivron rouge grillé

Basilic ciselé

65

Roulés de courgettes farcies

Préchauffer le four à 375 °F (190 °C). Déposer une feuille de papier parchemin sur une plaque à cuisson vaporisée d'huile. Trancher les courgettes sur la longueur. Éponger et hacher les tomates séchées (réhydratées 30 minutes dans l'eau chaude). Couper le saumon en fines tranches, puis en lanières. Réserver. Déposer les tranches de courgette sur la plaque. Mettre au four 5 minutes pour les attendrir. Laisser refroidir. Déposer une lanière de saumon sur chaque tranche de courgette. Saupoudrer de fromage. Poivrer. Ajouter quelques dés de tomates séchées et des graines de chanvre. Maintenir avec un cure-dents ou une ficelle. Griller quelques minutes de chaque côté dans une poêle cannelée antiadhésive ou sous le gril 4 à 5 minutes. Laisser tiédir quelques minutes avant de servir.

Suggestions : Variez ces amuse-bouches en utilisant d'autres poissons gras : hareng, espadon, truite, maquereau ou thon. Utilisez du fromage de chèvre à teneur moins élevée en gras ou des herbes sèches telles que la ciboulette, les mélanges italiens ou des herbes de Provence.

| 1 courgette verte |
| 1 courgette jaune |
| 4 tomates séchées réhydratées |
| 1 filet de saumon (7 oz - 200 g) |
| 2 c. à soupe (30 ml) de fromage parmesan râpé |
| Huile de canola |
| 2 c. à soupe (30 ml) de graines de chanvre écalées |
| 4 à 6 feuilles de basilic ciselées |
| Poivre noir fraîchement moulu |

| 1 endive |
| 2 c. à thé (10 ml) de poivron vert |
| 1 champignon shiitake |
| 1 c. à thé (5 ml) de petits oignons rouges |
| 2 c. à thé (10 ml) d'orange |
| 1/2 suprême de poulet |
| Sauce soja |
| 1 c. à thé (5 ml) de Sauce Mirin |

Endives farcies au poulet

Faire tremper le champignon 30 minutes dans l'eau chaude. Le presser sur un linge pour enlever l'eau, couper le bout sec de la tige. Couper tous les légumes, sauf l'endive, très finement. Tailler de petits cubes d'orange. Trancher le poulet en fines lanières ou en petits cubes. Faire sauter tous les ingrédients dans l'huile quelques minutes. Verser un filet de sauce soya et terminer en glaçant avec la sauce Mirin. Détacher les feuilles d'endive. Farcir chaque feuille et les disposer dans une assiette de service. Servir immédiatement.

Fraises cocktail

Nettoyer et équeuter les fraises. Égaliser la base au besoin pour que les fraises puissent se tenir dans une assiette. Utiliser une petite cuillère parisienne ou un couteau fin pour mieux creuser l'orifice nécessaire dans les fraises. Retirer suffisamment de chair pour déposer à peu près 1/2 c. à thé (2,5 ml) de farce. Dans un bol, mélanger tous les ingrédients de la farce. Ajouter assez de lait pour obtenir une belle onctuosité. Verser quelques gouttes (au goût) de vinaigre balsamique au fond de chaque fraise. Remplir de farce en utilisant une pochette à douille. Garnir du mélange de graines moulues. Conserver au froid. Sortir 1 heure à l'avance.

18 grosses fraises

1/2 c. à thé (2,5 ml) de menthe en poudre ou 2 c. à thé (10 ml) d'herbes fraîches hachées (ciboulette, estragon ou menthe)

5 oz (150 g) de fromage de chèvre

Vinaigre balsamique

1/4 c. à thé (1 ml) de fleur d'ail (facultatif)

1 c. à thé (5 ml) de parmesan râpé (facultatif)

Lait

Garniture

Graines (chanvre, citrouille, lin)

Sel et poivre fraîchement moulu

Petits piments cocktail

Évider les poivrons. Les plonger dans l'eau bouillante salée quelques minutes. Refroidir à l'eau froide. Égrener le feta dans un bol. Ajouter la ricotta et l'ail. Mélanger et verser l'huile d'olive et l'huile de chanvre. Poivrer. Ajouter le basilic et l'origan finement hachés et le vinaigre balsamique. Remplir les poivrons du mélange de fromage. Garnir.

12 petits poivrons

1 c. à soupe (15 ml) de feta

1/4 tasse (60 g) de ricotta ou de cottage

1 gousse d'ail hachée

1/2 c. à thé (2,5 ml) d'huile d'olive extravierge

1/2 c. à thé (2,5 ml) d'huile de chanvre (au goût)

1/2 c. à thé (2,5 ml) de basilic haché

1 c. à soupe (15 ml) d'origan haché

Vinaigre balsamique (facultatif)

Garniture facultative

Graines de chanvre moulues

2 c. à soupe (30 ml) d'olives Kalamata hachées

Œufs de saumon

Petits aspics cocktail

Cuire les œufs de caille à la coque (environ 5 minutes). Huiler des moules à muffins. Cuire les petits pois dans l'eau bouillante salée. Les faire refroidir. Saler et poivrer le thon. Faire sauter les cubes de thon et les crevettes dans l'huile d'olive. Arroser avec le vin blanc. Retirer du feu et réserver. Saupoudrer la gélatine dans un bol contenant 1 tasse (250 ml) de thé ou de bouillon chaud. Bien remuer pour la dissoudre. Ajouter une 2e tasse (250 ml) de bouillon ou de thé froid. Remplir la moitié des moules à muffins du liquide. Déposer 1/2 œuf de caille pour les minis-moules et 1 œuf entier pour les moules réguliers. Ajouter la coriandre. Faire prendre au réfrigérateur. Déposer petits pois, fruits de mer et poisson sur le liquide, une fois celui-ci durci. Compléter avec le bouillon de façon à remplir les moules. Faire prendre le temps nécessaire (environ 3 à 4 heures). Démouler sous l'eau tiède 30 minutes à l'avance. Servir sur une assiette de service recouverte de laitue ou dans de petites assiettes individuelles. Servir avec une mayonnaise, des biscottes ou du pain.

Pour la sauce, mélanger avec la mayonnaise à base d'huile de canola (voir recette page 40) le concentré de tomate ou du ketchup. Verser le cognac, au goût. Déposer une petite cuillérée pour accompagner les aspics.

6 œufs de caille

1/2 tasse (125 g) de petits pois surgelés

2,5 oz (75 g) de thon (12 cubes)

Sel et poivre noir fraîchement moulu

12 petites crevettes

1 c. à soupe (15 ml) d'huile d'olive

1 c. à soupe (15 ml) de vin blanc

1 c. à soupe (15 ml) de gélatine en poudre

2 tasses (500 ml) de bouillon de légumes ou de thé vert Sencha

12 à 16 feuilles de coriandre

Sauce au cognac

1 c. à thé (5 ml) de pâte de tomate ou de ketchup

1/3 tasse (75 ml) de mayonnaise de canola ou soja

2 c. à thé (10 ml) de cognac

Minis-brochettes de thon à l'orange

Vaporiser d'un voile d'huile de canola les graines de chanvre. Assaisonner avec les épices et le zeste d'orange. Réserver. Mélanger tous les ingrédients de la marinade et tailler le poisson en petits cubes. Faire mariner 30 minutes à 1 heure; le poisson perdra de sa couleur. Monter les brochettes en alternant avec les morceaux de poivron et des épinards. Faire griller rapidement sur une plaque antiadhésive environ 1 à 2 minutes (selon la cuisson désirée) en les retournant et en les badigeonnant de marinade. Rouler les brochettes dans les graines de chanvre assaisonnées.

Suggestions : Vous pouvez utiliser n'importe quel poisson blanc tel que le maquereau, l'espadon ou les sardines pour réaliser ces brochettes.

3,25 oz (100 g) de thon en cubes

Marinade

Le jus d'une demi-orange moyenne

1 échalote

1/4 à 1/2 c. à thé (1 à 2 ml) de gingembre frais haché

2 c. à soupe (30 ml) de sauce Hoisin

2 c. à soupe (30 ml) d'huile d'olive extra vierge

2 c. à soupe (30 ml) d'huile de noix

Sel et poivre noir fraîchement moulu

1/2 poivron de couleur

24 pousses d'épinards

Garniture

2 à 3 c. à soupe (30 à 45 ml) de graines de chanvre écalées

Mélange d'épices : pincée de cumin, petite pincée de Cayenne

1 c. à thé (5 ml) de zeste d'orange

Brochettes de papaye bleuets et saumon

Couper le saumon en morceaux d'environ 1 po (2,5 cm). Déposer dans un saladier. Trancher l'oignon rouge en morceaux. Les déposer dans le saladier avec le romarin. Verser le jus de lime et les huiles. Remuer et rectifier l'assaisonnement. Macérer le saumon 30 minutes à 1 heure au réfrigérateur, au goût. Trancher des cubes de papaye. Confectionner les brochettes en alternant fruits et saumon.

1 filet de saumon de 7 oz (200 g)

1 petite papaye

2 oz (60 g) de bleuets frais

Marinade

1 petit oignon rouge

1 brin de romarin

1 c. à thé (5 ml) de jus de lime

1/4 tasse (60 ml) d'huile de chanvre ou d'olive

Sel et poivre fraîchement moulu

4 oz (120 g) de saumon

1/2 pomme Granny Smith en dés

1 c. à soupe (15 ml) de gingembre (facultatif)

1 c. à soupe (15 ml) d'oignon vert

1 c. à soupe (15 ml) d'huile d'olive

1 c. à soupe (15 ml) d'huile de pépins de raisin

Persil haché

Sel et poivre fraîchement moulu

Pincée de curcuma (facultatif)

1/4 de c. à thé (1 ml) de jus de lime (facultatif)

Tartare de saumon

À l'aide d'un couteau bien effilé, tailler des cubes de saumon assez grossièrement. Couper la pomme en dés. Couper l'oignon vert très finement ainsi que le gingembre. Ciseler le persil. Dans un bol en verre ou en inox, mélanger tous les autres ingrédients. Préparer le tartare à l'aide d'un emporte-pièce. Réfrigérer 20 à 30 minutes si désiré et ajouter un peu de jus de lime ou de citron, au goût, au moment de servir.

Concombres farcis à la truite chèvre et canneberges

Hacher finement les canneberges séchées. Dans une casserole, faire bouillir 1/4 tasse (60 ml) d'eau avec le romarin. Retirer du feu et ajouter les canneberges. Macérer hors du feu jusqu'à ce qu'elles aient refroidi complètement. Mélanger le fromage avec le lait, la ciboulette et la truite hachée. Assaisonner. Couper le concombre en morceaux d'environ 1 1/2 à 2 po (4 à 5 cm). Tailler les côtés pour former un cube et les vider à la cuillère parisienne tout en conservant un fond et de la pelure aux arêtes. Déposer le mélange de fromage, jusqu'à la moitié environ du cube de concombre. Ajouter quelques canneberges macérées. Recouvrir de fromage. Garnir de noix ou de canneberges, de ciboulette et de morceaux de truite fumée.

2 c. à soupe (30 ml) de canneberges séchées

1/4 tasse (60 ml) d'eau filtrée

1/2 c. à thé (2,5 ml) de romarin en poudre ou 1 brin de romarin frais

5 oz (150 g) de fromage de chèvre

1 c. à soupe (15 ml) de lait

1 c. à soupe (15 ml) de ciboulette hachée fin

3 c. à soupe (45 ml) de truite fumée hachée

2 concombres anglais

Sel et poivre noir moulu

Garniture

Noix ou graines hachées (Grenoble, noisette, chanvre)

Canneberges séchées hachées

Ciboulette hachée

Truite fumée supplémentaire

Boulettes de riz crevettes et maquereau

Mettre 1/2 tasse (125 ml) de riz et tous les autres ingrédients dans un robot culinaire ou mélanger à la fourchette pour obtenir une pâte grumeleuse. Façonner des boulettes. Les enrober avec le reste du riz cuit. Chauffer l'huile dans une poêle. Frire 1 minute environ les boulettes en les retournant. Déposer sur du papier absorbant. Servir tiède ou froid avec de la sauce soja légère aromatisée au gingembre ou épicée au chili.

1 tasse (250 ml) de riz blanc ou brun cuit

12 grosses crevettes cuites

4 oz (120 g) de maquereau

2 c. à soupe (30 ml) de noix hachées

2 c. à soupe (30 ml) d'algues nori hachées

1 petit oignon vert haché

1 c. à thé (5 ml) de sauce soja

1 pincée de poivre Sichuan

1 pincée de Cayenne

1 œuf battu

Boules de fromage variées et colorées

Boules de fromage au saumon fumé
12 à 14 portions

Hacher la ciboulette et l'aneth finement. Étaler sur une assiette. Éponger les boules de fromage. Les couper en deux. Tailler des lanières de saumon pour recouvrir chacune des demi-boules de fromage. Garnir d'herbes. Déposer sur l'assiette de service.

Suggestions : Il existe sur le marché du fromage de chèvre déjà moulé en petites boules individuelles qui se prêtent parfaitement à cette entrée. On peut confectionner des boules de fromage soi-même en utilisant deux petites cuillères pour presser le fromage en boules ou les rouler dans la paume de la main. On peut utiliser un robot culinaire pour mélanger tous les ingrédients avec le fromage.

8 brins de ciboulette hachée

1 c. à thé (5 ml) d'aneth haché

8 boules de fromage de chèvre

4 tranches de 2,5 oz (75 g) de saumon fumé

Brochettes de bois

Boules de fromage aux noix et aux canneberges
8 portions

Hacher les canneberges. Les déposer dans une assiette avec les noix de Grenoble, quelques gouttes de sauce Worcestershire, du poivre noir moulu, du sel et la pincée de romarin. Mélanger. Rouler les boules de fromage dans ce mélange. Conserver au réfrigérateur dans un contenant hermétique. Chambrer au moins 1 heure avant de servir.

2 c. à soupe (30 ml) de canneberges séchées

2 c. à soupe (30 ml) de noix de Grenoble hachées

Sauce Worcestershire

Sel et poivre noir fraîchement moulu

1 pincée de romarin séché

8 boules de fromage de chèvre

Boules abricots et graines oméga-3
8 portions

Hacher les abricots. Les déposer dans une assiette avec le thym, le poivre noir moulu et les graines hachées. Mélanger. Rouler les boules de fromage dans ce mélange. Conserver au réfrigérateur dans un contenant hermétique. Chambrer au moins 1 heure avant de servir.

2 c. à soupe (30 ml) d'abricots séchés

1 pincée de thym

1 pincée de poivre noir moulu

2 c. à soupe (30 ml) de graines de citrouille ou de fèves de soya grillées hachées

8 boules de fromage de chèvre

20 portions

Canapés de pommes de terre

Réhydrater les tomates séchées. Couper les pommes de terre en rondelles d'un demi-pouce (1,5 cm) et les cuire dans l'eau bouillante salée. Les disposer sur un plat de service. Mélanger les ingrédients de la garniture. Creuser légèrement les tranches de pomme de terre pour y mettre un peu du mélange d'huiles. Déposer 1/2 c. à thé (2,5 ml) de garniture (environ) sur chaque rondelle. Servir tiède ou froid.

Suggestions : Utilisez du thon en boîte et de la mayonnaise à l'huile de canola.

3 ou 4 pommes de terre moyennes

2 tomates séchées hachées

2 tranches de 1,5 oz (45 g) de saumon fumé

1 à 2 petits oignons perlés

1 c. à thé (5 ml) de moutarde à l'ancienne ou de Dijon

1 c. à thé (5 ml) d'un mélange d'huiles (lin, canola, chanvre)

1/2 c. à thé (2,5 ml) de jus de citron

1/2 tasse (125 ml) de crème sure

Brins d'aneth hachés (au goût)

Ciboulette

Sel et poivre fraîchement moulu

Pour 4 à 6 personnes

Canapés de pastèque et saumon

Trancher la pastèque. Enlever les pépins. Tailler en cubes de moins de 2 po (5 cm). Former de petits rouleaux avec le gravlax, les herbes et les germinations. Déposer sur chaque cube de pastèque. Garnir d'œufs de poisson, si désiré. Réfrigérer avant de servir.

Préparer le gravlax la veille. Déposer le filet de saumon dans une assiette à rebords. Saupoudrer le filet de saumon de ciboulette et d'un mélange d'herbes à fruits de mer. Étendre une mince couche de sel et de sucre mélangés (moins de 1/4 po - 6 mm d'épaisseur). Ajouter du poivre au goût. Recouvrir de pellicule plastique et poser un poids par-dessus (boîtes de conserve). Laisser au réfrigérateur 7 à 8 heures selon l'épaisseur du filet. Rincer. Trancher mince, selon les besoins.

Canapés

1/4 d'une pastèque (1 kg)

3,5 oz (100 g) de gravlax

Garnitures

Œufs de poisson
(saumon, poisson volant- tobiko)

Herbes fraîches
(estragon, menthe, aneth)

Germination
(luzerne, pousses de céréales)

Gravlax

1 petit filet de 3,5 à 4 oz
(100 à 120 g) de saumon

1/2 c. à thé (2,5 ml) de mélange
d'herbes à fruits de mer

1/2 c. à thé (2,5 ml) de ciboulette
sèche

1 partie de gros sel

1 partie de sucre

Poivre noir fraîchement moulu

4 portions

Canapés de tofu

Trancher le cube de tofu en morceaux minces de 1/4 po (6 mm). Sécher entre plusieurs feuilles de papier absorbant. Appliquer un poids (planche à découper) pendant 30 minutes à 1 heure pour mieux assécher le tofu. Mélanger les ingrédients de la marinade. Faire mariner le tofu environ 1 heure. Fouetter les ingrédients de la vinaigrette. Râper finement la carotte et le radis japonais et verser de la vinaigrette. Remuer. Réserver au froid. Chauffer l'huile de canola parfumée d'huile de sésame. Faire griller les tranches de tofu des 2 côtés dans l'huile jusqu'à ce qu'elles soient dorées. Déposer 1/2 cuillérée de graines. Garnir de légumes râpés. Compléter avec d'autres garnitures au goût. Servir avec du gingembre mariné et de la vinaigrette, si désiré.

1 cube de tofu ferme (10,5 oz - 300 g)

1 c. à thé (5 ml) d'huile de sésame

1 c. à soupe (15 ml) d'huile de canola

Marinade

1 gousse d'ail écrasée

1 c. à thé (5 ml) de gingembre haché

1/2 c. à thé (2,5 ml) de crevettes séchées

1 c. à soupe (15 ml) d'huile (canola, soja, tournesol)

1 pincée de Cayenne

1/4 tasse (60 ml) de sauce Mirin

1/2 tasse (125 ml) de sauce soja légère

1 petite carotte

4 radis ou 1 morceau de daikon

Garnitures

graines de sésame, de chanvre écalées et de tournesol broyées

algues nori hachées

gingembre mariné

champignons fins japonais (enokitake)

Vinaigrette

1/4 tasse (60 ml) de vinaigre de riz

1/4 tasse (60 ml) d'huile de noix

1/4 tasse (60 ml) d'huile de soya

2 c. à thé (10 ml) de jus de lime

1 c. à thé (5 ml) de sucre glacé

1 pincée de Cayenne (facultatif)

24 portions

Trempette
au saumon

Pocher le filet de saumon dans le vin à feu moyen avec la feuille de laurier. Laisser refroidir complètement dans le vin avant d'enlever la peau. L'effilocher à la fourchette. Jeter le vin. Fouetter le fromage dans un bol avant de le mélanger avec tous les autres ingrédients. Mélanger. Assaisonner. Ajouter du lait selon la consistance voulue. Conserver dans un contenant hermétique au réfrigérateur. Servir avec des biscottes ou du pain tortilla tranché.

Suggestions : Pour un petit goût « fumé » délicieux, combinez une à deux tranches de truite ou de saumon fumé haché au mélange de fromage. Servez sur des endives ou sur du pain de seigle ou pumpernickel.

Utilisez aussi pour confectionner de succulents sandwichs pour le lunch. Transférez dans un contenant hermétique pour éviter de mouiller le pain.

5,5 oz (165 g) de filet de saumon avec la peau

1/4 à 1/2 tasse (60 à 125 ml) de vin blanc sec

1 feuille de laurier

1/2 tasse (125 ml) de chaque fromage crémeux (ricotta, chèvre)

1/2 c. à thé (2,5 ml) de moutarde de Dijon

1 c. à thé (5 ml) de jus de citron

1 c. à thé (5 ml) de zeste de citron

1 c. à thé (5 ml) de ciboulette sèche ou 1 c. à soupe (15 ml) fraîche

Pincée d'aneth

Sel et poivre noir fraîchement moulu

Lait

Trempette aux pommes et aux noix

Chauffer une poêle antiadhésive à feu moyen. Chauffer doucement l'huile de soja avec le brin de romarin (1 po - 2,5 cm). Faire revenir les dés de pommes avec la cassonade. Verser le vin. Retirer du feu. Laisser refroidir complètement. Fouetter le fromage dans un bol avant d'ajouter les noix et les graines. Assaisonner avec la pincée de piment de la Jamaïque et le sel. Ajouter les pommes. Brasser. Ajouter du lait selon la consistance désirée. Servir avec des crudités, sur des biscottes ou des craquelins. Conserver dans un contenant hermétique au réfrigérateur.

Suggestions : Pour une trempette plus sucrée, omettez le vin et versez du sirop d'érable ou du miel sur les pommes. Les noix de pacane se combinent très bien dans cette recette. Cette trempette garnit bien la boîte à lunch.

1/2 c. à thé (2,5 ml) d'huile de soya
1 petit brin de romarin
1 petite pomme acidulée en dés (Granny Smith, McIntosh)
1/2 c. à thé (2,5 ml) de cassonade
1 c. à soupe (15 ml) de vin Marsala
6 oz (180 g) de fromage à la crème
3 à 4 c. à soupe (50 à 60 ml) de noix de Grenoble hachées
2 oz (60 g) de graines de chanvre écalées
1 pincée de piment de la Jamaïque
Sel
Lait

Pour 4 à 6 personnes

Cubes de tofu sésame et algue

Déposer les cubes de tofu entre plusieurs feuilles de papier absorbant. Appliquer un poids (planche à découper). Laisser environ 30 minutes pour assécher. Mélanger les ingrédients de la sauce d'accompagnement. Râper finement la carotte et le radis japonais et verser un trait de vinaigre de riz. Réserver. Chauffer l'huile d'arachide parfumée d'huile de sésame. Cuire quelques chips de crevettes. Les égoutter sur du papier absorbant. Découper de petites bandelettes d'algue. Faire sauter les cubes dans l'huile chaude jusqu'à ce qu'ils soient dorés. Les égoutter et les garnir aussitôt d'algue ou les rouler dans les graines de sésame. Servir avec la sauce et une chip de crevette garnie de légumes râpés.

12 petits cubes de tofu de 1 po (2,5 cm)

Huile de sésame

Huile d'arachide

Graines de sésame noires et beiges

1 bande d'algue nori

Sauce d'accompagnement

1/2 gousse d'ail écrasée

1/2 c. à thé (2,5 ml) de gingembre haché

1/4 de tasse (60 ml) de sauce Mirin

1/4 de tasse (60 ml) de sauce soya

Chips de crevettes

Carotte

Daikon

Vinaigre de riz (facultatif)

Bon appétit ...■